HUIT ENTRETIENS AVEC PICASSO

Chez le même éditeur

Jean Clair, *Picasso et le cirque*

Jean Clair, *Cinq repentirs de Pablo Picasso*

Jean Clair, *Picasso et l'abîme*

Odysseus Elytis, *Equivalences chez Picasso*

Daniel-Henry Kahnweiler,
Entretiens avec Picasso
au sujet des Femmes d'Alger

L'ÉCHOPPE 7 rue Lentonnet 75009 Paris

Daniel-Henry Kahnweiler

HUIT ENTRETIENS AVEC PICASSO

envois

L'ÉCHOPPE

J'ai connu Picasso en 1907. Ce n'est que bien des années plus tard que j'ai commencé à noter nos entretiens. Je regrette de ne pas l'avoir fait plus tôt. J'ai une excuse, il est vrai. Durant les années de 1908 à 1914, je voyais Picasso à peu près tous les jours, mais je dois dire qu'il n'était pas loquace, alors, quant à son œuvre ni à tout ce qui y touchait. L'on connaît sa réponse à un peintre qui tentait de l'interroger : « Défense de parler au pilote ». C'est d'ailleurs un fait digne de remarque que la discrétion observée par les quatre grands peintres cubistes pour ce qui était de leurs buts durant les « années héroïques » du Cubisme. Nulle entreprise ne fut moins « théorique » que celle-là ! Ce n'est que vers 1918 que Braque, Gris et Léger se mirent à écrire sur leur art. Picasso, lui, n'a jamais fait qu'en parler. Il s'explique à présent, avec ses familiers, très librement sur tout ce qui l'agite et aussi sur ce qui agite notre temps. L'on trouvera ci-dessous huit des nombreux entretiens que j'ai eu le privilège d'avoir avec lui.

8 Octobre 1952 D.H.K.

29 bis, *rue d'Astorg* 2 *Octobre* 1933

Picasso me raconte que pour éviter le moulage, il vient de faire au Boisgeloup [1] des sculptures en terre en *creux*, en coulant ensuite du plâtre dans ce creux. Résultat : sculpture en plâtre en relief.

« Et, dit-il, je voudrais les peindre, ces sculptures. Tout de même, la peinture ne sera jamais qu'un art d'imitation. Si vous mettez un noir, le spectateur croit que « ça tourne», et, en effet, vous ne pouvez faire l'épaisseur que de cette façon. Tandis qu'en peignant en rose une sculpture, elle sera rose».

Moi : « Vous revenez donc à ces vieilles préoccupations. Voilà pourquoi, il y a vingt-quatre ans, vous aviez fait le piano en relief.»

Picasso : « Oui, et la crosse de violon.»

Moi : « Évidemment, même les plans superposés de 1913 n'étaient que l'imitation de sculptures, de vos sculptures d'alors.»

Picasso : « C'est bien pour cela que je voudrais faire de la sculpture en couleurs. Évidemment, le dessin au trait seul échappe à l'imitation. C'est pour ça que je vous disais l'autre jour que j'aimais les « Métamorphoses.» [3]

Moi : « Oui, dans le dessin au trait il n'y a pas de lumière imitée, car c'est bien de l'imitation de la *lumière* qu'il s'agit dans la peinture.»

Picasso : « Oui, le dessin au trait a sa propre lumière, créée, non imitée.»

29 bis, *rue d'Astorg* 2 *Décembre* 1933

Picasso : « Les Demoiselles d'Avignon», ce que ce nom peut m'agacer ! C'est Salmon [4] qui l'a inventé. Vous savez bien que ça s'appelait « Le Bordel d'Avignon» au début. Vous savez pourquoi ? Avignon a toujours été pour moi un nom que je connaissais, un nom lié à ma vie. J'habitais à deux pas de la Calle d'Avignon. C'est là que j'achetais mon papier, mes couleurs d'aquarelle. Puis, comme vous le savez, la grand'mère de Max [5] était originaire d'Avignon. Nous disions un tas de blagues à propos de ce tableau. L'une des femmes était la grand'mère de Max. L'autre Fernande [6], une autre Marie Laurencin, toutes dans un bordel d'Avignon.»

« Il devait y avoir aussi — d'après ma première idée — des hommes, vous avez d'ailleurs vu les dessins. Il y avait un étudiant qui tenait un crâne. Un marin aussi. Les femmes étaient en train de manger, d'où le panier de fruits qui est resté. Puis, ça a changé, et c'est devenu ce que c'est maintenant.»

Quelques jours plus tôt, Picasso m'avait dit que ce tableau n'était commencé qu'en 1907, non en 1906, car il l'avait commencé, disait-il, au printemps. Il m'avait confirmé qu'il y avait deux périodes de travail différentes dans le tableau. J'ai vu ce tableau dans *son état actuel*, à la rue Ravignan, donc après la deuxième période de travail, assez tôt dans l'été 1907. Puisque Picasso parle du printemps, il se souvient de quelque chose de précis, et ne saurait se tromper. La deuxième période de travail doit donc se placer assez tôt après la première. Cette deuxième période qui marque, proprement, la *naissance du Cubisme*, doit donc se situer en avril ou mai 1907.

23, *rue La Boëtie* 6 *Février* 1934

Picasso : « Imaginez-vous que j'ai fait un portrait de Rembrandt. C'est encore cette histoire de vernis qui saute. J'avais une planche à qui cet accident est arrivé. Je me suis dit : elle est abîmée, je vais faire n'importe quoi dessus. J'ai commencé à griffonner. C'est devenu Rembrandt. Ça a commencé à me plaire et je l'ai continué. J'en ai même fait un autre ensuite, avec son turban, ses fourrures, et son œil d'éléphant, vous savez bien. Je suis en train de continuer cette planche pour avoir des noirs comme lui : ça ne s'obtient pas en une seule fois. »

29 bis, *rue d'Astorg* 13 *Février* 1934

Picasso : « Dire que je n'ai jamais pu faire

un tableau ! Je commence dans une idée, et puis ça devient tout autre chose. Qu'est-ce que au fond qu'un peintre ? C'est un collectionneur qui veut se constituer une collection en faisant lui-même les tableaux qu'il aime chez les autres. C'est comme ça que je commence, et puis, ça devient autre chose.»

29 bis, *rue d'Astorg* 16 *Février* 1935

Picasso parle, à propos de « La Fête du Vin», des Le Nain et en me montrant le pied levé d'un des paysans, des *maladresses* des Le Nain. « Ce sont des paysans. Regardez, à côté de ça, les Zurbaran du Musée de Grenoble. Pourtant, Zurbaran n'était pas particulièrement habile. Chez les Le Nain, les maladresses sont presque des preuves d'authenticité. Voyez, le ventre de mon cheval [8] par exemple.»

Nous regardons une photo de ce tableau et, en effet, ce ventre est d'une maigreur invraisemblable, impossible.

Picasso : « Ces gens-là avaient bien des idées de composition, mais ils ne les suivaient jamais jusqu'au bout, ils les perdaient de vue en cours de route. C'est d'ailleurs peut-être cette maladresse qui fait leur charme. Et puis, c'est français. Voyez tous les peintres français, c'est pareil. Même le plus grand, Poussin, qui pourtant a donné des leçons aux Italiens, et qui est allé plus loin et plus haut que les Italiens, on trouve des maladresses chez lui. Pas chez les Espagnols, ni chez les Italiens, bien entendu. Chez les Italiens, ça devient dégoûtant. Les Français, au fond, ce sont des paysans.»

29 bis, *rue d'Astorg* 10 *Décembre* 1936

Moi : « J'ai vu l'Exposition Rubens. Eh ! bien, j'avais tort quand je pensais, d'après les photos, que ça me plairait. Et c'est vous qui aviez raison. Ca m'a beaucoup déplu.»

Picasso : « Bien sûr, je vous l'avais dit. Des dons, mais des dons qui servent à faire de mauvaises choses, ce n'est rien. Rien n'est *raconté* chez Rubens. C'est du journalisme, du film historique. Voyez Poussin, quand il peint Orphée, eh ! bien, c'est raconté. Tout, la moindre feuille raconte l'histoire. Tandis que chez Rubens... Ce n'est même pas peint. Tout est pareil. Il croit peindre un gros sein en faisant comme ça (geste circulaire du bras), mais ce n'est pas un sein. Une draperie est comme un sein, chez lui, tout est pareil.»

Vallauris, 10-13 *Mars* 1951

J'arrive par avion à Nice où Marcel [9] vient me chercher. A l'atelier à dix-neuf heures trente. Picasso a travaillé beaucoup depuis mon dernier séjour à Vallauris. Il y a le grand tableau, sans nom encore [10], dont il m'avait parlé : des sortes d'hommes robots — ou cuirassés — armés de mitraillettes étranges, en train de massacrer un groupe d'enfants et de femmes. C'est bouleversant de pitié humaine. Il a peint aussi des paysages d'hiver — sombres — de Vallauris, et des portraits des siens, très beaux, très colorés.

Est-ce à la suite du grand tableau — oui, sans doute, mais je soupçonne aussi un peu une série d'images d'*Ivanhoe* qui paraît dans *l'Humanité*, en ce moment, de l'y avoir fait penser — qu'il a peint, dessiné et gravé des « Chevaliers du Moyen Age », comme nous disons, (en réalité, ils sont du xve siècle) bardés de fer, casqués, accompagnés de leurs pages, de chanoines, de dames ?

Je me suis senti malheureusement très fatigué durant ce voyage — les conversations jusqu'à deux heures du matin ne me laissaient pas assez de sommeil — et n'ai pas noté *immédiatement* les propos de Picasso, comme d'habitude. Je ne le fais qu'après mon retour.

Il dessine encore une litho avec un chevalier et un page — très Pinturicchio — le soir du douze, avant de venir dîner, entre cinq et huit heures du soir. Je lui dis : « Encore le petit page, tiens ! »

Picasso : « Oui, je voulais le faire encore mieux. D'ailleurs, pourquoi travaille-t-on ? C'est pour cela. Pour faire mieux quelque chose : regardez-le ! J'ai voulu montrer qu'il marche. Remontez avec l'œil le long de sa jambe gauche et descendez ensuite le long de la jambe droite : vous verrez qu'il marche ! »

Françoise lui fait remarquer le bouclier qui ne lui paraît pas exact, historiquement.

Picasso soutient qu'il l'est mais fait observer le cou du chevalier — filiforme — comme impossible ainsi dans la réalité en ajoutant que cela, personne ne le verra. Françoise dit qu'il n'a aucune connaissance documentée des costumes des chevaliers mais que néanmoins, ils sont toujours, en effet, d'une exactitude stupéfiante : une sorte d'intuition ou de mémoire visuelle extraordinaire .

Picasso : « Soyez sûr que si je continuais à dessiner ces chevaliers du Moyen Age, je finirais par savoir comment était leur moindre bouton de caleçon. »

Dans une conversation, je lui dis que je n'ai jamais changé, que je me sens le même que quand j'étais jeune homme.

Picasso : « Mais moi non plus ! Je me sens le même qu'à quatorze ans ! »

Il parle avec une certaine crainte de la vieillesse. Il mime un vieillard qui se lève avec difficulté. « C'est ça qui est terrible ! En ce moment, nous sommes encore capables de faire tout ce que nous voulons. Mais vouloir et ne plus pouvoir : c'est cela qui est terrible ! Il faut que je fasse le « Temple de la Paix » maintenant, pendant que je suis encore capable de grimper aux échelles.» [12]

En parlant d'une œuvre de lui de 1896 que l'on vient de retrouver — un paysage, — il dit qu'il ne l'aime pas du tout. « Cette période de mes études à Barcelone, je la déteste. Ce que je faisais avant, était bien mieux.»

J'ai l'impression que Picasso m'a dit bien d'autres choses importantes durant ces jours d'entretiens continuels. Mon état de fatigue m'a empêché de les noter, et ainsi, elles m'échappent.

Je trouve dans mon bloc-notes : « Je suis communiste pour qu'il y ait moins de misère», mais n'arrive plus à me souvenir du contexte.

Chez Picasso, à Paris. *le* 3 *Juillet* 1952

Picasso : « Je suis passé rue Saint-Denis, l'autre jour. C'est merveilleux !

Moi : « Ah, vous avez vu ça ! Je passe souvent par là, en rentrant à pied, tellement je trouve ça beau, les filles alignées le long du trottoir, et tout.»

Picasso : « Oui, c'est beau. Les filles, les

marchandes des quatre saisons, les fleurs : c'est splendide. Je me disais : bien sûr, un verre et un paquet de cigarettes, c'est beau, et c'est difficile, autant que le Jugement dernier, mais, tout de même, si on pouvait faire ça, la vie d'une ville, ce serait magnifique. Mais on ne peut pas le faire seul, il faut être avec d'autres, comme jadis, pour le Cubisme. Il faut un travail d'équipe

Je suis passé aussi à la Chapelle. Là, ce sont les Sidis, les Arabes. Ils remplissent la rue ; on croirait un meeting. Il y a les bistrots qui ont tous les vitrines cassées, il y a des femmes — des femmes arabes, des blanches, avec de gros seins. C'est magnifique. J'ai relu récemment « Au Bonheur des Dames ». Quel beau livre ! C'est grouillant de vie. Et les descriptions des Expositions — les ombrelles par exemple ! Voilà ce qu'on devrait pouvoir faire. »

DANIEL-HENRY KAHNWEILER.

Notes

1. Sa propriété près de Gisors.
2. Il s'agit d'une tentative de Picasso de mettre dans un tableau un « vrai relief » (en plâtre).
3. Ses eaux-fortes pour les Métamorphoses d'Ovide qui sont au trait.
4. André Salmon, le poète et critique d'art.
5. Max Jacob.
6. Fernande Olivier.
7. Tableau se trouvant accroché dans mon bureau.
8. Il s'agit d'un tableau des Le Nain appartenant à Picasso.
9. Le chauffeur de Picasso, d'alors.
10. Il l'a intitulé « Massacre de Corée », plus tard.
11. Ceci me rappelle Beaudin me racontant qu'il a vu un jour Picasso chez Lacourière, graver un des animaux du Buffon. « On aurait cru, dit Beaudin, qu'il avait l'animal devant lui tellement tout était exact, chaque muscle, etc... ».
12. Il a entrepris cet ouvrage en été 1952.

Ce texte a été publié pour la première fois dans la revue *Le Point*, nº 42, octobre 1952.

Achevé d'imprimer
le 15 octobre 2014
par E. et J.-P. Louis, à Tusson.
Tirage : 1 000 exemplaires.

Dépôt légal : 3/1988 Éditeur : 41
ISBN 978-2-905657-40-4
ISSN 0299-2752